I0101453

L^1_3
45.

LECTURES POPULAIRES

ABRÉGÉ DES RÉCITS

DE LA

FRANCE MILITAIRE

(Guerriers et Guerrières. — Héros à peine connus)

PAR

E.-A. TARNIER

ANCIEN EXAMINATEUR POUR L'ADMISSION A L'ÉCOLE MILITAIRE DE SAINT-CYR.

« O ! combien d'actions, combien d'exploits célèbres
» Sont demeurés sans gloire au milieu des ténèbres ! »

(LE CID)

ANGERS

GERMAIN ET G. GRASSIN, IMPRIMEURS-LIBRAIRES

RUE SAINT-LAUD

—

1879

PRÉFACE

J'admire et j'aime par dessus tout notre vaillante armée.

Je l'ai servie (que l'on me pardonne de parler de moi), pendant près de vingt ans comme **Examinateur** pour l'admission à Saint-Cyr, école d'où tant de jeunes gens, sortis avec l'épaulette de sous-lieutenant, sont devenus célèbres dans nos annales militaires.

Je l'ai servie, pendant le siège de Paris, comme **Ambulancier**, comme **Brancardier** à l'attaque du Bourget, et ailleurs.

Je l'ai servie comme **Conférencier**, dans des lieux publics, notamment à la caserne de la rue de la Pépinière, à Paris.

Enfin, aujourd'hui, sur la fin de ma vie, je cherche à la servir encore comme **Écrivain**, sans renoncer au culte assidu que j'ai voué aux mathématiques.

Mais, comme je ne possède pas le talent d'écrire, j'ai besoin de toute l'indulgence de mes lecteurs : ils me tiendront compte, je l'espère, du sentiment patriotique qui m'a dirigé et soutenu dans mon long et difficile travail.

Puissent ces récits comprenant des noms à peine connus, et dignes cependant de l'admiration et de la reconnaissance de la postérité ; oui, puissent ces récits glorieux, en dehors de l'esprit de parti et de la politique, contribuer à entretenir sous les drapeaux la Discipline, cette vertu morale sans laquelle il n'y a pas d'armée possible !

Puissent-ils aussi, à l'exemple de nos preux chevaliers *sans peur et sans reproche,* contribuer à enfanter des guerriers prêts à tout sacrifier pour le salut de la France si son territoire venait à être menacé d'une invasion étrangère !.....

Jeunes gens ! Permettez à un homme de mon âge de vous dire paternellement :

Le service militaire est devenu obligatoire pour tous. — Eh bien ! dans le rôle actif qui vous attend, pensez aux morts dont j'esquisse la vie, et, surtout, ne perdez jamais de vue ces deux mots sacrés :

DEVOIR. — PATRIE.

E. A. TARNIER.

NOTE ADDITIONNELLE

———❦———

Cette préface était déjà composée lorsque paraissait dans un journal l'article suivant :

« *M. le général Hanrion, commandant l'École de Saint-Cyr,*
» *a eu l'heureuse idée de relever les noms de tous les généraux et*
» *colonels sortis de l'École qui ont été tués à l'ennemi, ou qui*
» *sont morts de leurs blessures, et de faire suivre chaque nom*
» *d'une courte notice relatant les principaux faits d'armes et la*
» *cause de la mort de l'officier qu'elle concerne.*

» *En outre, le général a fait de ces notices les Éphémérides*
» *de l'École Militaire, et, tous les jours, il est donné lecture*
» *d'une de ces pages historiques aux élèves réunis sous les*
» *armes.* »

Cette coïncidence inespérée, et de bon augure pour ma publication, prouve que mon idée du Martyrologe militaire, est juste et opportune. Reste à savoir si j'en ai tiré tout le parti possible. A cet égard, c'est au lecteur, juge en dernier ressort, d'en décider !

AVERTISSEMENT

~~~~~~~

Comme l'histoire ne s'invente pas, j'ai dû avoir recours aux ouvrages de mes prédécesseurs. En agissant ainsi, j'ai fait ce qu'ils ont fait eux-mêmes à l'égard de ceux qui les ont précédés, car il faut remonter à la *source officielle*. Dailleurs, j'ai soin d'indiquer ces ouvrages au fur et à mesure que l'occasion s'en présente ; loin de leur nuire, je les fais connaître.

Je ne m'en suis pas tenu là : pour éviter ce qui touche à la fable, voire même au roman, je me suis procuré des renseignements au Ministère de la guerre ; je me suis mis en relation avec des *autorités locales* : maires, sous-préfets, préfets, officiers supérieurs..... en sorte que, avec un *Manuel* de ce genre, étranger, comme je l'ai déjà dit, à la politique de tel ou tel parti, on pourra faire de bonnes leçons de *patriotisme militaire* dans les écoles primaires, dans les écoles régimentaires, en un mot dans les divers établissements scolaires.

Quant aux personnes qui désireraient voir figurer certains *traits de bravoure* dont je n'ai pas parlé, elles sont priées d'envoyer à l'*éditeur* une note concernant ces traits de courage, en imitant le plus possible ma rédaction, et alors elle sera utilisée dans une autre édition. De cette façon on en viendra peut-être à faire le *Catéchisme militaire du soldat*.

Disons un mot de la marche adoptée dans l'ouvrage.

Une première table placée en tête du livre, fait connaître dans l'ordre *alphabétique* et *chronologique*, les sujets que nous traitons; puis, la date de l'époque est indiquée avec la page où se trouve tel ou tel récit.

Une seconde table, à la fin du livre, est entièrement consacrée à *l'ordre chronologique*, c'est-à-dire qu'elle est dressée époque par époque, depuis Vercingétorix jusqu'à nos jours. C'est en quelque sorte, par cette marche ascendante, un *Panorama*, curieux et instructif.

Quant à la rédaction de chaque article, elle a une forme piquante. S'agit-il d'un personnage? de *Daumesnil*, par exemple? Au lieu de le nommer tout d'abord, nous en faisons le *portrait* le plus ressemblant possible, après quoi nous disons au lecteur : quel est le nom de ce guerrier? Il y a là, comme on le voit, un petit *problème d'histoire* à résoudre. Mais, comme il y a des personnes qui n'aiment pas à tourner la page pour trouver la réponse demandée, le nom du personnage est au bas même du portrait. Ce genre de *questionnaire* plaira surtout aux maîtres et aux élèves. Presque toujours la réponse brute est accompagnée de *réflexions*, de *développements*, mais imprimés en petits caractères.

Outre le côté *patriotique* il y a celui que l'on appelle le côté *classique*. C'est qu'en effet, nos récits, nos anecdotes, nos explications supplémentaires font repasser une grande partie de notre histoire nationale en vue des *concours* et des *examens*.

Nous nous sommes particulièrement attaché, comme nous l'avons déjà dit dans la préface, aux *prolétaires*. Un exemple suffira pour nous faire comprendre.

Reportons-nous à notre malheureuse guerre de 1870-71. Au mois de septembre, quelques jours après la fermeture des portes de Paris, un régiment prussien, le 46e, prend possession de la commune de Bougival (Seine-et-Oise). — Son premier soin est d'établir un fil électrique, reliant cette localité à Versailles, occupé par l'état-major de l'armée ennemie. — Le lendemain de la pose, le fil conducteur est coupé. — Rétabli, il est recoupé. — Un jardinier de la localité est soupçonné d'être l'auteur de cet acte passible de la peine de mort. — Traduit devant une commission militaire, le dialogue suivant s'établit entre l'accusateur et l'accusé :

— *Est-ce vous qui avez coupé le télégraphe ?*
— *Oui, c'est moi.*
— *Pourquoi avez-vous fait cela ?*
— *Parce que vous êtes mon ennemi.*
— *Libre, recommenceriez-vous ?*
— *Oui.*
— *Pourquoi ?*
— *Parce que je suis Français.*

La peine de mort est prononcée. — La nouvelle s'en répand à Bougival et dans les environs. — Une collecte est faite et se monte à 10000 francs qui vont être offerts, comme rançon du condamné, à la justice militaire prussienne. — Le patriote, malgré toutes les instances dont il est l'objet, refuse cette offre généreuse. — « *Je ne veux* » *pas qu'on donne quelque chose pour me sauver la vie :* » *demain, je recommencerais,* — *et je ne ferais que mon* » *devoir de Français.* »

Le 26 septembre 1870, le jardinier est conduit par le peloton d'exécution dans un champ voisin de Bougival. — On l'attache avec une corde au tronc d'un arbre. — L'officier demande un mouchoir pour lui bander les yeux. — « *Prenez le mien dans ma poche* » dit avec sang-froid celui qui va mourir pour sa patrie. — Une minute plus tard, il tombait raide mort, la poitrine traversée de 18 balles.

Quel est le nom de ce patriote ?
Réponse. Debergue (*François*).
Son âge ?
Réponse. 60 ans.

Réflexions. — Je cherche parmi les gloires militaires de l'Ancienne Grèce et de l'Ancienne Rome, un trait de patriotisme qui *prime* celui de Debergue, et je ne le trouve pas.

Je serais maître d'école à Bougival que je commencerais par faire graver le nom de la victime et la date de sa mort sur une plaque de marbre pour la fixer dans une classe où au préau. Il y a plus, le 26 septembre de chaque année, je conduirais mes élèves au monument funèbre, élevé à la mémoire du héros, et là, sur place, je ferais une leçon de patriotisme. — Admettons pour un instant que, un pareil pèlerinage se fasse annuellement partout où nous avons des tombes commémoratives ; qui ne voit que nous préparerions ainsi une génération laquelle, en cas d'invasion, sauverait la nationalité française ?

J'ajoute que j'ai consacré près de cent articles aux déshérités de la fortune dont les noms, espérons-le, finiront, tôt ou tard, par être aussi populairement connus que ceux de nos plus grandes illustrations militaires.

Ce simple exposé suffira sans doute pour inspirer toute confiance à l'éditeur qui se chargera de la publication du présent ouvrage, en un volume in-12 (600 pages environ), dont les frais d'impression ne sauraient être considérables.

E-A. TARNIER

42, rue de Bel-Air, Angers.

Angers, imp. Germain et G. Grassin. — 1662-79.

2./10

BIBLIOTHÈQUE NATIONALE DE FRANCE

3 7531 01235595 5

www.ingramcontent.com/pod-product-compliance
Lightning Source LLC
Chambersburg PA
CBHW060717280326
41933CB00012B/2465